Inhalt

1. Erstinformation zum Werk

Schon in den 50er Jahren des 20. Jahrhunderts waren Gesellschaft und Kultur der Vereinigten Staaten in vielerlei Hinsicht das Zukunftslabor der gesamten westlichen Welt. Die Entwicklung zur Vereinsamung des Einzelnen in der Massengesellschaft, die Durchsetzung der Massenmedien mit dem Fernsehen an der Spitze, Standardisierung und Konformitätsdruck, der Rückgang politischer Vielfalt auf wenige Auswahlmöglichkeiten, die Reduktion des Alltagslebens auf ein Dasein in technisch-künstlichen Umgebungen, tiefgehende Zweifel am Sinn des Lebens und eine starke Tendenz, sich vor allen Widersprüchen und Problemen mit Hilfe von Drogen, Konsum und anderen Ablenkungsmanövern zu verstecken – alle diese negativen Aspekte scheinen sich mittlerweile bereits allgemein realisiert zu haben.

Zukunftslabor USA

Hinzu kommt, dass sich die USA in dieser Zeit (und bis weit in die 80er Jahre hinein) nicht ohne Berücksichtigung der weltpolitischen Konstellation des Kalten Krieges mit der UdSSR beschreiben lassen, ja dass viele ihrer inneren Strukturen und Handlungsmuster durch diesen massiven Konflikt, in dem die Welt permanent am Abgrund einer globalen Katastrophe stand, bedingt und geprägt waren.

Wenn also ein so intelligenter und weitblickender Autor wie Bradbury sich den Idealen der Menschenrechte, der individuellen Freiheit, der Toleranz und der Humanität verpflichtet fühlte, so konnte er in einem literarischen Kunst-

Ablenkungsmanöver: **diversinary manoeuvres**

werk über die Zukunft diese scheinbar äußeren Faktoren der nordamerikanischen Gesellschaft und Politik nicht übersehen. Deshalb ist *Fahrenheit 451* nicht nur eine Extrapolation von Vorgängen und Zusammenhängen aus den Vereinigten Staaten, sondern eine überwiegend negative Fortschreibung internationaler Aspekte der kulturellen und sozialen Phänomene der frühen Nachkriegszeit. Gewarnt wird mit dieser Utopie nicht nur vor den genannten internen gesellschaftlichen Zuständen, insbesondere dem offensichtlichen Kulturverlust, sondern auch vor der möglichen Vernichtung der Menschheit durch einen Atomkrieg.

Kulturverlust

Allein mit diesem komplexen Ansatz Bradburys lässt sich der Welterfolg des Romans erklären. Es ist ihm gelungen, ein Werk zu verfassen, in dem die entscheidenden Probleme und Fragen der modernen Welt, nicht nur Nordamerikas, dargestellt und problematisiert werden. Einige wenige, typische Charaktere demonstrieren die Dialektik von Alltag und Sinn, von Routine und Entscheidung, von Passivität und Humanität, von Anpassung und Veränderung in unnachahmlicher Weise.

Probleme der modernen Welt

Montag als Held des Romans versinnbildlicht alle diese Widersprüche in seiner persönlichen Entwicklung vom braven, aufstiegswilligen »Feuerwehrmann« und Bücherverbrenner über die Phase der Nachdenklichkeit und Un-

scheinbar: **apparently**
Fortschreibung: **perpetuation**
Kulturverlust: **cultural decline**
unnachahmlich: **inimitable**
versinnbildlichen: **to symbolize**

zufriedenheit bis zum aktiven Vertreter humaner Werte und Ziele. Die Gegensätze werden aber auch durch die übrigen Figuren getragen, die in seinem privaten und beruflichen Umfeld auftreten: Seine Frau Mildred und sein Vorgesetzter Beatty als Repräsentanten des unmenschlichen Systems einerseits, das Mädchen aus der Nachbarschaft und der eher resignierte, aber immer noch widerstandsbereite Literaturprofessor auf der anderen Seite.

Unmenschliches System

Ungeachtet dieser deutlich konturierten Einzelpersonen wirkt eine starke, im Roman nur im Hintergrund und gelegentlich auftauchende Instanz, die in Wirklichkeit die Basis des Systems ist – die schweigende, die Strukturen konservierende Mehrheit der Menschen, die konformistisch und automatenhaft jedem Befehl und jeder Vorgabe der anonymen Machtträger nachkommt, was sich besonders während der Fahndung nach Montag deutlich zeigt.

Die Rollenaufteilung steht für äußerst reale, historisch mindestens seit einigen Jahrhunderten nachweisbare gesellschaftliche Typen und Gruppierungen. Clarisse vertritt die nichtangepasste, Sinnfragen stellende und revoltierende Jugend, Mildred die arrivierte und saturierte, aktuellen Trends folgende Ehefrau, Beatty den Führungsmenschen, der die allgemeinen Erwartungen besonders stark repräsentiert und typischerweise nicht mehr ganz jung ist. Faber wiederum symbolisiert einen Pensionär, der den opportu-

Gesellschaftliche Typen

schweigende Mehrheit: **silent majority**
Vorgabe: **guideline**
Fahndung: **search**
Rollenaufteilung: **casting**

nistischen Alltagszwängen bereits entkommen ist und dadurch noch (oder wieder?) eine gewisse Meinungs- und Handlungsautonomie besitzt. Im Zentrum steht Montag, Vertreter der Generation, die die entscheidenden Leistungen für das Funktionieren des Systems erbringt und über die umfassendsten sozialen Beziehungen verfügt. Granger und die Büchermenschen, die Personifikationen des ideologischen Gegenentwurfs, bleiben gegenüber den anderen Charakteren relativ blass, was nicht zuletzt aufgrund der in den 50er Jahren doch recht farblosen und schwachen Fundamentalopposition in den Industrieländern einer realistischen Analyse entspricht.

Ideologischer Gegenentwurf

Somit erweist sich *Fahrenheit 451* jenseits aller utopischen Darstellungen als ein bemerkenswert realistisches Werk über die Zukunft der modernen Menschheit, die heute in mancherlei Hinsicht schon über die von Bradbury prognostizierten Zustände hinausgelangt ist.

Realistisches Werk

Gegenentwurf: **opposition**
farblos: **pale**
hinausgelangen: **to overcome**

2. Inhalt

1. Kapitel: It was a Pleasure to Burn

Feuerwehr verbrennt Bücher

Guy Montag ist ein seltsamer Feuerwehrmann, aber in seiner Welt sind sie alle so. Sinn ihrer beruflichen Tätigkeit ist nicht das Feuerlöschen. Sie legen selbst Feuer, sind also eigentlich Brandstifter – sie suchen nach Büchern, und wenn sie welche finden, werden diese auf der Stelle verbrannt, weil Besitz und Gebrauch von Büchern streng verboten sind. Montag liebt seinen Beruf, er hegt keinen Zweifel, dass er das Richtige tut.

Clarisse irritiert Montag

Eines Nachts trifft er auf dem Heimweg von der Arbeit ein junges Mädchen aus der Nachbarschaft. Sie heißt Clarisse, ihre Familie hat eigenartigerweise keinen Fernseher. Clarisse ist erst siebzehn, geht gerne nachts spazieren und hat einen sehr kritischen Blick auf die Gesellschaft. Sie irritiert Montag mit der Frage, ob er glücklich sei.

Als er sein Haus betritt, findet er seine Frau Mildred (Millie) im Bett. Sie hat offenbar einen Selbstmordversuch unternommen. Montag ruft den Notdienst, sie wird gerettet. Am folgenden Morgen kann sie sich an nichts erinnern und bestreitet die versuchte Selbsttötung vehement. Sie lebt in ihrer privaten Fernsehwelt, in einer TV-Show hat sie ge-

eigenartigerweise: **strangely enough**
Selbstmordversuch: **suicide attempt**
bestreiten: **to deny**

rade eine kleine Rolle zugeteilt bekommen, worüber sie sehr erfreut scheint.

Beim nächsten Zusammentreffen mit Clarisse geht es um das Thema Liebe. Clarisse erzählt Montag auch, dass sie zum Psychiater geschickt wurde – wegen ihres nicht ganz konformistischen Verhaltens. Sie versteht nicht, dass Montag, den sie nett findet, bei der Feuerwehr ist. Montag ist von ihr beeindruckt, sie erscheint ihm deutlich erwachsener und reifer als seine Frau.

Clarisse erscheint reifer als Mildred

In der Feuerwehrstation hat Montag plötzlich den Eindruck, dass der Mechanische Hund, eine tödliche Spürmaschine, auf ihn aggressiv reagiert. Er teilt das seinem Vorgesetzten Beatty mit, der Montag danach argwöhnisch ansieht. An den folgenden Tagen trifft er ständig auf Clarisse, die ihm sehr schnell vertraut wird und die ihn mit ihren Fragen sehr nachdenklich macht. Sie findet es zum Beispiel unerträglich, dass sich Kinder und Schüler gegenseitig umbringen; das ist in der Welt des Romans an der Tagesordnung und stört niemanden. Am siebten Tag aber bleibt Clarisse aus, sie ist für immer verschwunden. Montag ist davon sehr betroffen.

Clarisse verschwindet

Auf der Feuerwache spürt Montag das zunehmende Misstrauen das Hauptmanns, auch der Mechanische Hund reagiert wieder auf ihn. Aber es gibt einen Einsatzbefehl, und sie fahren zu einem wichtigen Einsatz. Eine alte Frau mit ei-

erwachsener: **more grown up**
argwöhnisch: **suspiciously**
unerträglich: **unbearable**
Einsatzbefehl: **alarm order**

ner riesigen Privatbücherei in ihrem Haus ist das Ziel. Noch bevor die Feuerwehrmänner etwas unternehmen können, steckt sie sich selbst und das Haus in Brand, weil sie den Bücherverbrennern den Triumph nicht gönnt und sich ein Leben ohne ihre geliebten Bücher nicht vorstellen kann.

Montag erzählt Mildred später davon, er ist schockiert vom Tod der alten Frau. Aber Mildred berührt das genauso wenig wie das Verschwinden von Clarisse. Sie weiß jedoch, dass das Mädchen von einem Auto überfahren wurde und tot ist; ihre Familie wohnt nicht mehr im Nachbarhaus. Nachts schleicht der Mechanische Hund um Montags Haus. Das alles ist zu viel für Montag. Er bekommt Fieber und wird krank, er geht zum ersten Mal in seinem Leben nicht zur Arbeit.

Er denkt über seine Tätigkeit nach und erkennt, dass hinter jedem Buch ein Mensch mit seinen Idealen und Wünschen steht. Er überlegt, ob er jemals wieder zum Dienst gehen soll. Da erscheint Hauptmann Beatty bei Montag zu Hause und versucht, ihn mit all seinem Wissen und seinen rhetorischen Fähigkeiten von seiner Tätigkeit bei der Feuerwehr und vom Sinn der bestehenden gesellschaftlichen Verhältnisse zu überzeugen. Bücher sind für Beatty die Hauptmittel einer gefährlichen Verunsicherung. Sie machen die Menschen unglücklich und verursachen seelisches Elend. Dagegen bietet das System umfassende Zerstreuung und Unterhaltung. Beatty bestätigt nebenbei auch Clarisses Tod, vermutlich hat er ihn selbst in Auftrag gegeben.

ums Haus schleichen: **to creep around the house**
Verunsicherung: **uncertainty**
seelisches Elend: **mental strain**

Montags Zweifel bleiben

Montags Zweifel an Sinn und Zweck des Bücherverbrennens, an der Richtigkeit der vorherrschenden Verhaltensweisen, sind durch Beattys Auftritt nicht geringer geworden. Er geht abends nicht zum Dienst und sagt Mildred, dass er unglücklich ist und unbedingt anfangen will, selbst Bücher zu lesen, die er schon seit geraumer Zeit in der Wohnung versteckt hält. Mildred weiß, wie gefährlich das ist, und will die Bücher im Ofen verbrennen, aber Montag verhindert es. Seine Identität entwickelt sich in eine völlig andere Richtung als zuvor.

2. Kapitel: The Sieve and the Sand

Montag liest Bücher

Montag liest seiner Frau aus den Büchern vor, während über der Stadt ständig Bomber im Tiefflug unterwegs sind. An der Tür schnüffelt wieder der Mechanische Hund. Montag bemüht sich, aber er begreift nur wenig von dem, was in den Büchern steht. Während Mildred sich vor ihren Riesen-Fernseher flüchtet, erinnert Montag sich an ein Treffen mit einem älteren Mann, einem Literaturprofessor. Montag besucht ihn und verspricht sich davon eine entscheidende Hilfe für sein Verständnis von Büchern – das Einzige, was ihn im Augenblick beschäftigt.

Verhaltensweisen: **behaviour patterns**
unbedingt: **absolutely**
verhindern: **to hinder**
Tiefflug: **low-level flight**
schnüffeln: **to sniff**
Riesen-Fernseher: **giant TV**

Er befindet sich in einer schweren privaten, beruflichen und moralischen Krise. Er hat sein Lächeln verloren, fühlt sich wie abgestorben. Auf der Fahrt zu Faber, in der Untergrundbahn, liest er offen sichtbar in einem Buch, so dass andere Passagiere die Zugaufsicht rufen, um den kriminellen Vorgang zu melden. Montag kann gerade noch entkommen.

Faber öffnet sich seinem Besucher nur zögernd, vertraut ihm dann aber doch. Er hat eigentlich den Kampf gegen die Kultur- und Büchervernichtung aufgegeben, lässt sich aber von Montag noch einmal mobilisieren. Montag würde gerne Bücher drucken und sie in den Häusern von Feuerwehrleuten verstecken, damit diese schließlich selbst verfolgt würden. Damit plant er die aktive Rebellion gegen die Grundfesten des Systems. Faber beurteilt das als Narretei, bleibt ängstlich, sichert aber seine Hilfe zu und stattet Montag mit einem Sende-Empfänger-Gerät aus, womit er ihn jederzeit heimlich erreichen kann.

Montags Rebellion

Der Kriegsausbruch steht jetzt unmittelbar bevor, im Rundfunk ist von einer Million Mann unter Waffen die Rede. Millie sitzt mit drei Freundinnen vor der Fernsehwand, als Montag nach Hause kommt und das Gerät abschaltet. Er zwingt den Frauen ein Gespräch auf, in dem sie ihre innere Leere, ihre

Kriegsausbruch

sich wie abgestorben fühlen: **to feel like numb**

Kultur- und Büchervernichtung: **annihilation of culture and books**

verfolgen: **to chase**

Narretei: **tomfoolery**

dümmliche Anpassung und ihre Gefühlskälte offen zum Ausdruck bringen. Sie empfinden Anstöße zum Nachdenken als üble Quälerei. Montag liest ihnen aus Büchern vor, was Millies Freundinnen völlig verstört, woraufhin Montag sie aus der Wohnung wirft.

Er kehrt an seinen Arbeitsplatz zurück. Beatty redet erneut auf ihn ein, er solle bei der Feuerwehr bleiben, alles andere sei Anarchie. Erneut zeigt der Hauptmann seine umfassende Belesenheit, seine weitreichende kulturelle Bildung, mit der er Montag haushoch überlegen ist. Faber leistet Montag über das Sendegerät Beistand gegen Beattys Sticheleien und Manipulationsversuche. Plötzlich wird Alarm ausgelöst, die Feuerwehr rückt aus, mit Beatty und Montag. Einsatzort ist Montags eigenes Haus.

3. Kapitel: Burning Bright

Bevor der Verbrennungseinsatz in Montags Haus losgeht, flüchtet Mildred: Sie hatte die Anzeige wegen Montags Büchern erstattet. Montag ist in Funkkontakt mit Faber, aber der kann ihm aus der Entfernung wenig helfen. Beatty zwingt Montag, die Bücher in seinem eigenen Haus selbst zu verbrennen, danach kündigt er ihm an, er sei verhaftet. Erneut macht er sich über Montag lustig und kann sich

Gefühlskälte: **emotional frigidity**
Anstoß: **incentive**
Quälerei: **torment**
Belesenheit: **knowledge of literature**
haushoch überlegen sein: **to be high above**
Anzeige erstatten: **to report to the police**
verhaftet: **arrested**

durch einen Zufall sogar des Funkempfängers in Montags Ohr bemächtigen. Dieser handelt plötzlich eiskalt und gezielt. Er tötet den Hauptmann mit dem Flammenwerfer, anschließend zerstört er damit auch den lauernden Mechanischen Hund. Montag flüchtet sofort. Dabei kommt ihm unweigerlich der Gedanke, dass Beatty ihn so provoziert hat, weil er sterben wollte.

Montag tötet Beatty und flieht

Die Fahndung läuft augenblicklich auf Hochtouren. Polizeihubschrauber sind im Einsatz, die Suchmeldung geht durch alle Medienkanäle. Bevor Montag sich zu Fabers Haus durchschlagen kann, versteckt er noch eine Ladung Bücher im Haus eines Feuerwehrmanns und alarmiert daraufhin die Feuerwehr.

Bei Faber angekommen, berichtet er über die Ereignisse. Inzwischen ist der Krieg ausgebrochen, die allgemeine Katastrophe rückt näher. Er sieht sich selbst in Fabers Fernseher die Berichte über seine Verfolgung an und beseitigt dann seine Geruchsspuren, um Faber vor dem Mechanischen Hund zu schützen. Er bricht wieder auf und schafft es knapp, aus der Stadt zu entkommen. Auf der Flucht denkt er immer wieder an Mildred und an Clarisse, die er nun beide endgültig verloren hat.

Schließlich findet er die Eisenbahngleise, die ihn (wie von Faber angekündigt) zu einer Gruppe von früheren Professoren und Akademikern leiten, bei denen er vorläufig in Sicherheit sein wird. Sie erkennen ihn, weil sie im Fernsehen die Fahndung mitverfolgt haben. Als sie das Gerät

Suchmeldung: **police message**
Geruchsspuren: **smell tracks**
Eisenbahngleise: **rails**

einschalten, werden sie Zeugen des offiziellen Abschlusses der Verfolgung »Montags«: Sie sehen, wie der Mechanische Hund einen von Hubschraubern eingekreisten Mann tötet, dessen Gesicht nicht genau zu erkennen ist – der Mord wird als erfolgreiche Sühne eines Staatsverbrechens dargestellt.

Bei den Büchermenschen

Die Mitglieder der Gruppe haben sich auf eine ganz spezielle Art von Widerstand und Kulturerhaltung eingestellt: Jeder lernt ein weltliterarisches Werk auswendig und verkörpert so die kulturelle Tradition in menschlicher Form, sie sind alle Büchermenschen. Sie tarnen sich als Landstreicher, sind aber eine riesige lebende Bibliothek, denn es gibt Tausende von ihnen. Ihr Ziel ist, die auswendig gelernten Bücher mündlich an die folgenden Generationen weiterzugeben.

Montag ist verblüfft, fühlt sich aber gut bei den Büchermenschen. Dann triumphiert der Krieg: Im Lauf von Sekunden werden die Städte komplett zerbombt, Montag denkt an Mildred, die jetzt tot ist, aber die Gruppe kommt davon, denn sie ist weitab von den Siedlungen und Städten im Wald. Die Geschichte endet mit dem Sinnbild von »Phönix aus der Asche«, wobei der Hoffnung Nahrung gegeben wird, dass es die Menschheit eines Tages schaffen wird, dem Teufelskreis der Selbstzerstörung zu entkommen. Die Gruppe macht sich auf den Weg, mit der optimistischen Perspektive, dass sie irgendwo gebraucht werden und in diesem Sinn etwas bewirken können.

eingekreist: **encircled**
Sühne: **punishment**
sich tarnen: **to disguise o.s.**
verblüfft: **amazed**
Teufelskreis: **vicious circle**

3. Personen

Guy Montag ist die Hauptfigur des Romans. Seine persönliche Entwicklung bildet den roten Faden der Handlung, um ihn herum gruppieren sich die anderen zentralen Charaktere. Die Geschichte beginnt mit seiner engagiert ausgeübten Rolle des bücherverbrennenden Feuerwehrmannes. Durch die tiefgreifenden Gespräche mit dem sehr eigenwilligen Mädchen aus der Nachbarschaft, Clarisse McClellan, werden Montag einige Dinge bewusst, die er vorher nicht überdacht hat. Er fühlt sich zunehmend verunsichert, was u. a. durch seltsame Reaktionen des Mechanischen Hundes, einer Verfolgungs- und Tötungsmaschine im Dienst der Feuerwehr, verstärkt wird.

Clarisse macht Montag nachdenklich

Montag geht zwar weiter seiner Arbeit nach, seine Irritation wird jedoch durch den Selbstmord der alten Frau mit der eigenen Bibliothek deutlich größer. Es ist verständlich, dass er nach der Nachricht über Clarisses Tod innerlich zusammenbricht und krank wird. Montag ist dabei, die moralische, kulturelle und gesellschaftliche Bedeutung von Büchern als Hauptsymbole von Menschlichkeit und Zivilisation zu erkennen. Daher kommt es zu intensiven, unlösbar erscheinenden Konflikten mit den Antipoden in seiner Lebenswelt, seiner Frau Mildred und seinem Vorgesetzten Beatty, die beide typische Vertreter des Systems sind und massiv auf ihn einwirken. Aber weder die Vorhaltungen Mildreds noch der äußerst gebildet daher-

eigenwillig: **headstrong**
äußerst gebildet: **very well-informed**

kommende Zynismus des Hauptmanns können ihn zurück in die Bahnen der Anpassung und des Konformitätsdrucks bringen. Montag hat die Grundstruktur der enthumanisierten Gesellschaft, die die Kultur der Menschheit negiert und zerstört, begriffen. Er lehnt das Modell einer Medien- und Unterhaltungsgesellschaft mit ihren Instrumenten Krieg, Gewalt und Büchervernichtung ab und entschließt sich zum aktiven Widerstand, obwohl dieser aussichtslos scheint, weil die Mehrheit der Menschen völlig konformistisch ist.

Widerstand gegen inhumanes Gesellschaftsmodell

Er findet zunächst nur einen, dann aber mehrere Verbündete und schafft es unter größten Anstrengungen, sich mit diesen zusammenzuschließen und eine (möglicherweise illusionistische) Perspektive für eine humane Zukunft zu entwickeln. Am Ende wird so aus dem begeisterten Kulturvernichter und Mitläufer ein aktiver Streiter für die Werte und Ziele der Menschheit – Montag beschreitet den klassischen Weg vom Saulus zum Paulus, vom Opportunisten zum politischen Veränderer und Neugestalter, der aus überaus negativen persönlichen Erfahrungen seine Konsequenzen zum Nutzen der Menschheit zieht. Sein Lebensweg beschreibt einerseits die Entwicklung vom machttreuen, teilweise selbst Macht ausübenden Individuum in einer Diktatur zum aktiven Widerstandskämpfer. Andererseits

Vom Saulus zum Paulus

aussichtslos: **hopeless**
Verbündete: **allies**
Weg vom Saulus zum Paulus: **a Damascus conversion**
machttreu: **conform to power**
Widerstandskämpfer: **resistance fighter**

folgt seine Wandlung einem sich in der Literatur wiederholenden Muster, bei dem aus einem negativen Charakter eine positive Leitfigur wird, die bestimmte historisch-gesellschaftliche Prozesse auf der Folie eines Werterasters verarbeitet.

Faber. Der ehemalige Literaturprofessor Faber ist Montags Verbündeter im Kampf gegen die Kulturzerstörung und gegen die Bücherverbrennung. Er hat eigentlich längst resigniert und lebt im Zustand der »inneren Emigration«, fühlt sich aber in dieser Passivität nicht besonders wohl und lässt sich von Montags Mut zur Rebellion anstecken. Beide helfen sich gegenseitig – Montag rettet Faber vor dem Tod durch den Mechanischen Hund, Faber weist Montag den sicheren Fluchtweg zu den Büchermenschen. Montags Revolte ist eher diffus begründet, er hat sich von Clarisse beeindruckt gefühlt und irritieren lassen. Aber die inhaltliche und argumentative Basis für seinen Widerstand kann ihm nur Faber als Intellektueller liefern, der im Gegensatz zu dem ebenfalls hochgebildeten Beatty kein zynischer Ideologe, sondern ein Vertreter positiver Werte und Ideale ist; dabei geht er sogar so weit, dass er Montag empfiehlt, seine eigene (Fabers) Position und Beattys Rhetorik gegenüberzustellen und sich dann vollkommen frei für eine Seite zu entscheiden, d. h. er ist ein wirklicher Vertreter der Autonomie des Individuums.

Der Professor als Rebell!

Leitfigur: **model to follow**
gegenüberstellen: **to confront**

Clarisse. Das siebzehnjährige Mädchen aus der Nachbarschaft erscheint Montag erwachsener und wesentlich klüger als seine Frau Mildred. Sie wächst in einer kulturell geprägten Familie auf und hat einen sehr kritischen Blick auf die Welt. Ihre unkonventionellen Ansichten über viele gesellschaftliche Phänomene und Verhaltensweisen kann sie in einer ganz unbefangenen und verständlichen Sprache ausdrücken.

Sie verunsichert Montag schon beim ersten Kontakt. Als sie sich öfter begegnen, beeinflusst sie ihn stark und fördert seine Selbstreflexion und Nachdenklichkeit erheblich. Durch sie wird er auf entscheidende Fehlentwicklungen in seinem beruflichen und privaten Dasein aufmerksam. Wirklich bewusst wird ihm der enorme Eindruck, den sie auf ihn gemacht hat, erst nach ihrem Verschwinden. Clarisse wird bei einem Autounfall getötet, der wahrscheinlich von Beatty geplant wurde. Als Außenseiterin mit auffälligen Meinungen und Verhaltensweisen stand sie unter der geheimen Beobachtung und Kontrolle der staatlichen Organe und wurde vermutlich deshalb umgebracht. Clarisse bildet das lebendige Gegenkonzept zur Welt und zu den Alltagsverhältnissen in *Fahrenheit 451*. Sie ist natürlich, kritisch, offen und auf der Suche nach einer menschlichen Lebensweise, indem sie gegen menschliche Kälte, Technisierung und mediale Verblödung ihre Stimme erhebt.

Clarisse, die Außenseiterin

Nachdenklichkeit: **doubts**
Verblödung: **stultification**

Granger ist der Sprecher der Büchermenschen, zu denen Montag sich flüchtet. Er erklärt ihm, wie die Büchermenschen die kulturellen Errungenschaften der Menschheit erhalten wollen und warum sie ihn in ihre Gruppe aufnehmen. Er gehört wie Faber und Clarisse zu den Menschen, die Montag in seinem Kampf unterstützen.

Granger ist sicherlich ebenso umfassend gebildet wie Faber oder Beatty, er hat gemeinsam mit den anderen Büchermenschen eine realistische Analyse ihrer Möglichkeiten vorgenommen: Sie leben auf dem Land und ziehen durch die Wälder, sie warten auf den Krieg, der die Gesellschaft und die Städte zerstören wird. Danach wird es eine Chance geben, etwas gänzlich Neues aufzubauen.

Granger hält daran fest, dass die Menschen in einem langen Kreislauf aus Zerstörung und Wiederaufbau irgendwann zu einem Ende von Vernichtung und Unterdrückung gelangen können, weil sie lernfähig sind – im Unterschied zu dem Vogel Phönix. Damit entwirft Granger am Ende des Romans eine vage Zukunftsperspektive für die Menschheit.

Vage Zukunftsperspektive

Mildred lebt völlig in jener Welt, die das unmenschliche System für die Normalbürger vorsieht. Sie ist medien- und tablettensüchtig und innerlich so weit geschwächt, dass sie einen Selbstmordversuch unternimmt. Ihr Leben spielt sich zwischen den verschiedenen Konsumebenen ab: Fernsehen, konsumieren von Produkten, Radio hören, Ta-

Systemtreue und Selbstmord

Errungenschaften: **achievements**
Wiederaufbau: **reconstruction**
medien- und tablettensüchtig: **addicted to media and pills**

bletten schlucken – am besten immer mehrere dieser Praktiken gleichzeitig, dann kann sie jede Art von Nachdenken oder wirklicher zwischenmenschlicher Kommunikation vermeiden. Ihre beiden Freundinnen sind genauso, aber sie haben immerhin Kinder, Mildred möchte keine. Sie kommuniziert am liebsten mit dem Fernseher und ist glücklich, wenn sie als Zuschauerin in irgendeine Sendung durch das Sprechen einiger belangloser Sätze einbezogen wird. Sie will auf keinen Fall etwas mit dem Bücherlesen zu tun haben, weil es verboten ist und ihre Existenz gefährdet.

Ihre moralisch-geistige Entwicklung ist in einem frühen Stadium steckengeblieben. Es macht ihr nichts aus, dass Clarisse gestorben ist, dass Montag beim Bücherverbrennen an der Tötung einer älteren Frau beteiligt war, sie verdrängt ihre Selbstmordversuche. Sie ist sogar so verkommen, dass sie Montag wegen seiner Bücher anzeigt, und nimmt dabei seine Verhaftung bewusst in Kauf. Sie hat die Vorgaben des Systems so stark verinnerlicht, dass sie eigentlich keinerlei moralische Werte mehr hat. Ihr Lebenssinn besteht in der permanenten Zerstreuung in ihrer Medienwelt. Damit ist sie ein hundertprozentig funktionierendes Rädchen im Getriebe des Systems. Folglich stirbt sie im Krieg, der dieses gesellschaftliche Muster gewaltsam zerstört.

stecken bleiben: **to get stuck**
verdrängen: **to suppress**
verkommen: **depraved**
Rädchen im Getriebe: **small hook**

Beatty ist Montags Vorgesetzter und zugleich ein hochgebildeter, rhetorisch befähigter Intellektueller. Er durchschaut, wie Faber, die Ideologie und die Mechanismen von Politik und Gesellschaft. Viele seiner Äußerungen lassen vermuten, dass er die bestehende Ordnung eigentlich verachtet. Seine Analysen sind stets messerscharf und wirken oft ironisch. Aber er hat sich, um des eigenen Überlebens und der Machtsicherung willen, mit dem System arrangiert und nutzt seine Position skrupellos: Er sorgt mutmaßlich für Clarisses Tod (womöglich auch für den ihrer gesamten Familie), er lässt die ältere Frau mit der Privatbücherei gnadenlos sterben, er zwingt Montag, sein eigenes Haus abzufackeln.

Will Beatty sterben?

Beatty spielt die Rolle des »obersten Bösen« im Personal des Romans. Dennoch besteht die Möglichkeit, dass Beatty tatsächlich getötet werden will, als er direkt vor Montag steht (151 f., vgl. 156). Möglicherweise bricht in diesem Augenblick seine innere Verzweiflung durch, die im Unterbewusstsein vorhandene Gewissheit, dass dieses unmenschliche System aus Manipulation und Terror, dem er sich vollständig verschrieben hat, auf Dauer keinen Bestand haben kann und zum Untergang verdammt ist. Letztlich bleibt aber offen, was Beatty am Ende denkt und fühlt.

rhetorisch befähigter Intellektueller: **brilliant speaker and intellectual**
Unterbewusstsein: **subconscious**
zum Untergang verdammt: **doomed to fail**

Personenkonstellation I
(zu Beginn)

Humanität/Kultur	↔	**System**
Faber		Beatty
Alte Frau		*Montag*
Clarisse		Mildred

Personenkonstellation II
(am Ende)

Humanität/Kultur	↔	**System**
Faber		Beatty
Montag		
Granger		Mildred
Büchermenschen		Feuerwehrleute
		schweigende Mehrheit
		Polizei

4. Werkaufbau

Der Roman ist in drei Kapitel geteilt, wobei sich eine relativ gleichmäßige Steigerung der Handlungsintensität und der Spannung feststellen lässt. Die Grobgliederung entspricht damit analog zu den drei Hauptkapiteln dem klassischen Schema von Problemdarstellung, Zuspitzung des Konflikts und Lösungsansatz. Die Handlung besteht jedoch aus zahlreichen Einzelszenen, die für sich Bedeutung haben und den Werkaufbau kleinteilig strukturieren.

1. (5–9): In der ersten Szene wird die Zufriedenheit des Feuerwehrmannes Montag, der eigentlich ein Brandstifter, d. h. ein Bücherverbrenner ist, dargestellt. Er lebt in einer entfernten Zukunft, in der vieles anders ist.
2. (9–14): Montags Verunsicherung durch das erste Gespräch mit der 17-jährigen Nachbarin Clarisse bildet den Auslöser für den zentralen Konflikt des Romans.
3. (15–30): Die Welt des Feuerwehrmanns ist nicht so heil, wie er bisher gedacht hat. Das zeigt der Selbstmordversuch seiner Frau Mildred, die sich aber nach ihrer Rettung an nichts erinnert und ihr Leben in der Konsumwelt ohne weiteres Nachdenken fortsetzt. So wie Mildred lebt die große Mehrheit der Menschen im System, ohne grundsätzliche Fragen zu stellen.
4. (30–47): Montags Krise weitet sich aus, auch am Arbeitsplatz entstehen Verunsicherungen, die nun auch das Verhältnis zu seinem Vorgesetzten beeinträchtigen; gleichzeitig wirkt Clarisse intensiv auf ihn ein, so dass er einer Identitätskrise nahe ist.
5. (47–53): Den ersten dramatischen Höhepunkt erreicht

die Handlung mit der Selbsttötung der älteren Besitzerin einer Privatbücherei. Sie zeigt damit den extrem hohen Wert, den Buch und Kultur für ihr Leben haben, und beeindruckt Montag zutiefst. Seine Begeisterung für das Bücherverbrennen in staatlichem Auftrag ist verschwunden. Er beginnt, völlig im Gegensatz zu seiner beruflichen Aufgabe, mit der Lektüre von Büchern und verstößt damit als Staatsdiener gegen das strenge Verbot des Regimes.

6. (53–90): Das Zusammenwirken seiner beruflichen Krise mit der Erkenntnis, dass seine Beziehung zu Mildred vollkommen hohl ist, bewirkt seinen physischen Zusammenbruch. Der aufwändige Versuch seines Vorgesetzten Beatty, der über ausgeprägte intellektuelle und rhetorische Fähigkeiten verfügt, ihn zur Feuerwehr zurückzuholen, schlägt fehl. Montag intensiviert seine Bücherlektüre. Mit diesem letzten Abschnitt des ersten Kapitels ist Montags Weg in eine tiefe und komplexe Identitätskrise vollendet.
7. (91–119): Montag ist gewillt, dem System die Stirn zu bieten, aber er begreift wenig vom Inhalt der Bücher. Zugleich hat er einen revolutionären Plan zur Zerstörung der Feuerwehr. Er benötigt jetzt gezielte Unterstützung, um sein Vorhaben umzusetzen. Dabei hilft ihm ein pensionierter Literaturwissenschaftler, Faber, auch durch technische Hilfsmittel.
8. (119–143): Es erfolgt ein argumentativer Kampf um Montag. Der Feuerwehrhauptmann Beatty setzt noch einmal seine Rhetorik ein, um Montag auf seine Seite zu ziehen. Faber konfrontiert Montag mit adäquaten Gegenthesen über Wahrheit, Freiheit und Humanität. In diesem Augenblick, als Montags Entscheidung für eine

der beiden Positionen noch nicht gefallen zu sein scheint, erhält die Feuerwehr einen Einsatzbefehl. Die Handlung nähert sich hier einem zweiten Spannungshöhepunkt, an dem Montag zu einer eindeutigen Haltung gezwungen wird. Alle Entwicklungen verschärfen sich so deutlich, dass es für ihn nur noch ein Ja oder Nein zum System geben kann.

9. (144–184): Montags Entscheidung wird letztlich durch die brutale Gewalt des Staatsapparates erzwungen. Zu Beginn des dritten Kapitels fährt die Feuerwehr zur Bücherverbrennung zu seinem eigenen Haus, da ihn seine Frau angezeigt hat. Beatty zwingt ihn, seine Bücher und sein Haus selbst niederzubrennen, und kündigt ihm die anschließende Verhaftung an. Damit ist Montag jeder friedliche Weg versperrt, wenn er überleben will. Es gelingt ihm, den Feuerwehrhauptmann und den Tötungsroboter zu vernichten, Montags Weg von der Krise über die mentale Entscheidung gegen das System bis hin zum aktiven Handeln ist vollendet. Er muss sich jetzt vor der brutalen Staatsmacht retten, um danach seine Rebellion mit anderen zusammen fortsetzen zu können. Beides ermöglicht Faber, er zeigt Montag den Fluchtweg zu den Büchermenschen als Kulturbewahrern.

10. (184–198): Mit Montags Ankunft bei den Vertretern der Fundamentalopposition fällt die Spannung wieder ab. Granger als Sprecher der Gruppe weiht Montag in ihre Methode zur Rettung der Literatur ein und erläutert ihm, wie sich die Bewegung ihre künftige kulturelle Aufbauarbeit vorstellt. Damit weist er über das Ende

Fluchtweg: **escape route**

des Romans hinaus und eröffnet zumindest eine theoretische Perspektive für die ansonsten ungewisse Zukunft.

11. (198–210): Die Handlung kulminiert für die gesamte Gesellschaft im Untergang der Zivilisation durch den Bombenkrieg, damit ist eine Voraussetzung für den im vorigen Abschnitt skizzierten Neubeginn erfüllt. Die Büchermenschen ziehen in die nächste Stadt, um dort ihre Fähigkeiten und Kenntnisse in einen Neuaufbau einzubringen. Das die gesamte Handlung durchdringende dialektische Prinzip erreicht hier seinen Höhepunkt, denn der Bücherverbrenner und Kulturvernichter vom Anfang des Romans ist zum Exponenten eines gesellschaftlichen und kulturellen Neubeginns geworden.

Humane Alternative ←→ Regime

Humane Alternative	Regime
Diktatur und Krieg	
Friedlicher Neuaufbau einer freien Gesellschaft	Unterdrückung inhaltlicher Freiheit; Rüstung; Tiefflieger; Atomwaffen
Technische Medien / Kulturverlust	
Einsatz der Technik für Humanität und Demokratie	Verflachung und Verdummung durch Massenmedien
Buchkultur	Ende der Schreib- und Lesekultur
Männer und Frauen	
Frauen und Männer als Träger von Menschlichkeit und Kultur	Männer als Täter, Frauen als Opfer
	Männer als Austragende des Hauptkonflikts
Anpassung und Rebellion	
Rebellion als Widerstand gegen Unterdrückung, Anpassung und Kulturverlust	Betäubung durch Medien/Drogen
Neukonstruktion in Kooperation mit der Mehrheit	

Betäubung: **dazing**

5. Interpretation

Mit *Fahrenheit 451* hat Ray Bradbury einen Roman verfasst, der negativ-utopische Elemente mit Aspekten von Science-Fiction kombiniert und dabei zugleich – aus heutiger Sicht – sehr realistische Entwicklungen des kulturellen Lebens thematisiert. Im Mittelpunkt steht nicht die Ökonomie oder das politische System, sondern der denkbare Niedergang des kulturellen Erbes, der durch die zunehmende Ausbreitung einer technikfixierten und inhaltsleeren Medien- und Kulturindustrie vorangetrieben zu werden scheint. Die Lebenswelt der Menschen wird bestimmt durch den Verlust des eigenständigen Denkens, das Ende überlegter Verhaltensmöglichkeiten und die Sucht nach rasender Geschwindigkeit und permanenter Zerstreuung.

Medien- und Kulturindustrie

Obwohl dieses Gesellschaftsmuster vom politischen System konserviert wird, entsteht aus seinem Innern gezielter Widerstand, der viele Oppositionelle zusammenbringt und einen tragfähigen Gegenentwurf konzipiert, der das System überlebt und am Ende die Zukunft für sich hat. Denn die diktatorische und menschenfeindliche Struktur zerstört sich schließlich selbst. Ein Neuaufbau unter entscheidender Mitwirkung der Büchermenschen mit ihren kulturellen und menschlichen Wertvorstellungen ist möglich.

Chance zum Neubeginn

technikfixiert: **obsessed with technology**
Sucht: **mania**
tragfähig: **sound**

Diktatur und Krieg

Das politische System in *Fahrenheit 451* hat keine deutlichen Konturen. Auf der einen Seite wird durch die Unterdrückung der Meinungsfreiheit und die nahezu unbeschränkte Handlungsgewalt der Feuerwehr deutlich, dass es sich um eine brutale Diktatur handelt, in der weder Menschen- noch Bürgerrechte eine Bedeutung haben. Es gibt offenbar keine rechtsstaatlichen Prozeduren oder Institutionen. Der Mechanische Hund kann jederzeit eingesetzt werden, um Bücherbesitzer zu töten. Menschen wie Clarisse und ihre Familie verschwinden von einem Tag auf den anderen, wahrscheinlich wurden sie von staatlichen Kräften ermordet. Die Bevölkerung leistet in ihrer großen Mehrheit, aus Angst vor Verfolgung, Gehorsam bei allem, was von ihr verlangt wird, z. B. bei Montags Verfolgung. Es gibt auch kaum jemand, der sich gegen die Bücherverbrennungen wendet.

Andererseits ist von einer Präsidentenwahl die Rede, bei der verschiedene Kandidaten zur freien Wahl stehen; dass Mildreds Freundinnen sich dabei an unsinnigen Kriterien orientieren, kann nicht als Hinweis auf undemokratische Strukturen interpretiert werden. Allerdings wird hiermit natürlich auf die an reinen Äußerlichkeiten und Showeffekten ausgerichteten Präsidentenwahlkämpfe in den USA seit den 40er Jahren, mit der Zentrierung der Massenmedien an Stelle der Diskussion über politische Inhalte und Programme, angespielt.

Meinungsfreiheit: **freedom of speech**
rechtsstaatlich: **constitutional**
Äußerlichkeiten: **appearances**

Krieg und Diktatur sind verwandte Phänomene. Das wird hier daran erkennbar, dass ständig Tiefflieger unterwegs sind und zuletzt das gesamte System durch einen feindlichen Angriff untergeht. Damit schreibt Bradbury den in den 50er Jahren schwelenden Kalten Krieg zwischen den USA und der Sowjetunion futuristisch fort bis zum Atomkrieg, der die Städte völlig vernichtet. Darüber hinaus wirkten sicher auch noch die Erinnerungen an das Ende des Zweiten Weltkriegs, in dem Diktatur und Krieg die extremste Synthese in der Form des Nationalsozialismus eingegangen waren. Auch hier trafen die Zerstörungen vor allem die städtischen Gebiete, weniger das flache Land und die Landbevölkerung. Dadurch erhält das Ende der Geschichte einen gewissen Realitätsbezug.

Historische Hintergründe

Technische Medien und Kulturzerstörung

Fahrenheit 451 spielt aus der Sicht des Erscheinungsjahres 1953 in einer fernen Zukunft. Viele Bereiche des alltäglichen Lebens sind voll technisiert, z. B. der Verkehr durch Sogbahnen und Autos, die Medizin durch automatische Geräte, die das Blut eines Menschen in Sekunden komplett austauschen, die Überwachung und Unterdrückung durch einen vollautomatischen Roboter, der gezielt aufspüren und töten kann, sowie die Haushalte durch riesige Fernseher, deren Leinwände mehrere Zimmerwände umfassen. Leider wird bei der Lektüre nicht deutlich, wie weit die Techniken in der

Technisierte Zukunft

Leinwand: **screen**

Arbeitswelt fortgeschritten sind und welche Verwendung sie dort finden, aber es gehört nicht viel Fantasie dazu, sich die Abläufe und Mechanismen eines Großbetriebs vorzustellen, der auf dem entsprechenden technischen Niveau angekommen ist.

Die kulturelle Agonie, als logische Konsequenz der Technisierung und Medialisierung,[1] ist weit entwickelt und konzentriert sich im Roman auf die Vernichtung von Büchern. Diese gelten als gefährliche Brücke zu einer als überholt angesehenen Vergangenheit. Beattys zynische Analyse verdeutlicht, wofür Bücher in der diktatorischen Einheitskultur stehen: für eine überholte Darstellungsweise, für die Beunruhigung der kulturellen Minderheiten, für den gefährlichen Geist des Nachdenkens und der individuellen Freiheit, die seelisches Elend wie z. B. Zweifel und Konflikte verursachen. Deshalb müssen Bücher aus der Sicht der Herrschenden bis auf das letzte Exemplar vernichtet werden, denn alle diese Dinge stehen in massivem Widerspruch zur technisierten Einheitswelt in *Fahrenheit 451*.

Kulturelle Agonie

Faber weist Montag darauf hin, dass es ein positives Gegenkonzept zum System der Bücher- und Kulturdestruktion gibt. Der Sinn der Bücher besteht für ihn nicht im direkten Gegenteil von Beattys abschätzigen Diffamierungen. Er betont vielmehr drei wertvolle Haupteigenschaften von guten Büchern. Erstens zeigen sie das wirkliche Leben in all seiner Vielseitigkeit. Zweitens sind sie un-

Drei Eigenschaften guter Bücher

abschätzige Diffamierung: **derogatory defamation**

entbehrlich, um in ernsthafter Muße über etwas nachdenken zu können, etwas innerlich zu verarbeiten. Und drittens bieten sie die Möglichkeit, aus der Interaktion der beiden ersten Aspekte heraus eigene Handlungsweisen abzuleiten. Diese Fähigkeit, Menschen zum eigenständigen Nachdenken und Handeln zu bewegen, spricht Faber dem Fernsehen völlig ab.

Aufschlussreich erscheint hier, dass Faber selbst – und damit repräsentiert er zugleich alle Büchermenschen – keineswegs ein Technikfeind oder Nostalgiker ist, der von einer nicht wiederherzustellenden Entwicklungsstufe träumt; er ist aufgebracht über viele Folgen der technischen Medien und ihrer spezifischen Nutzung, aber er weiß auch, dass man sie anders einsetzen kann, denn er bastelt Kurzwellensender und vernetzt sich durch ein tragbares Sendegerät mit Montag und organisiert so die Oppositionsarbeit mit Hilfe modernster Technik. Auch den Büchermenschen liegt Technikfeindschaft fern, sie verfügen z. B. über tragbare Fernseher.

Faber sieht die kulturelle Zerstörung aber nicht nur als technikbedingt an. Es würde nicht ausreichen, die Feuerwehr von innen heraus zu zerrütten, wie es Montag anstrebt. Das eigentliche Problem liegt bei der Mehrheit der Menschen, die von selbst das Lesen aufgegeben haben, die sich der medialen Verblödung unterwerfen und jede Form von Widerstand aufgegeben haben. Diese Form der Anpassung, das hat Faber bereits verstanden, kann nur noch unter Verwendung technischer Medien revidiert oder wenigstens

Mediale Massenverblödung

Muße: **peace of mind**
verarbeiten: **to come to grips with**

attackiert werden. Kritisches Denken und ernsthafte Diskussion können im technologisch-medialen Zeitalter nicht mehr ohne die Hilfe von Medien und Technologie gefördert werden.

Männer und Frauen

In *Fahrenheit 451* stechen von Anfang an Kontraste und Gegensätze hervor, die Handlungen der Personen stehen im Vordergrund. Deshalb kann das Bild, das hier von Frauen und Männern gezeichnet wird, leicht herausgearbeitet werden.

Zunächst sind die Männer eindeutig die bestimmenden Figuren. Montag steht im Mittelpunkt, sein Widerpart ist der Feuerwehrhauptmann Beatty, und die beiden Exponenten der Oppositionsbewegung, Faber und Granger, sind ebenfalls männlich, so wie auch die im Buch genannten Büchermenschen. Diese Männer sind die Entscheidungsträger, folglich wird hier ein sehr traditionelles Bild der gesellschaftlichen Macht- und Arbeitsteilung von Männern und Frauen reproduziert.

Traditionelle Geschlechterrollen

Auch die Arbeitsteilung in Montags Haushalt entspricht dem traditionellen Bild, wonach Männer berufstätig und Frauen zu Hause im Einsatz sind. Der Hauptkonflikt des Romans zwischen Montag und Beatty ist ebenfalls reine Männersache: Montag muss Beatty schließlich töten, wenn er selbst leben will.

Auch unter den weiblichen Romanfiguren gibt es Täter und Opfer. Clarisse, die junge Außenseiterin und Systemkritikerin, wird getötet, während sich Mildred als angepasste Ehefrau durch die Anzeige gegen ihren eigenen Mann vor der Feuerwehr retten kann. Sie hat sich in jeder Hinsicht in das System aus Manipulation, Zensur, Unterdrückung und Dauerberieselung durch die Medien eingefügt. Letztlich ist sie von einer Gefühlsarmut gekennzeichnet, die eine Folge der bestehenden Rahmenbedingungen ist. Aber am Ende hilft ihr auch ihre Angepasstheit nichts. Sie findet beim Bombenangriff auf die Stadt den Tod und geht gemeinsam mit dem System unter.

Ihren direkten Widerpart bildet Clarisse, die sich mit ihren 17 Jahren anders als die Masse verhält: Sie liest Bücher, sie geht spazieren, sie hinterfragt die scheinbar heile Fassade der Welt aus Unterhaltung und Geschwindigkeit, mit der das System seine Überlebensstrategie ummäntelt. Clarisse schafft es, Montag zu tiefem Nachdenken zu bringen, über sein Leben und über die Gesellschaft überhaupt. Dadurch gelingt es ihr, Montags Lösungsprozess von den herrschenden Normen anzuregen und zu beschleunigen. Zuletzt wird Montag gerade als Folge ihres Todes noch konsequenter in seiner oppositionellen Einstellung. So wird Clarisse in gewisser Weise unfreiwillig zu einer Märtyrerin des Widerstands, aber nur für Montag, der sie so gut kennt.

Frauen als Märtyrerinnen

Ein bewusstes Ende als Märtyrerin der oppositionellen Bewegung bedeutet der Freitod der älteren Dame. Sie verbrennt sich mit ihren Büchern in der Öffentlichkeit, und die Anspielung auf die Geschichte der Ketzerei in England mit dem Nicholas-Ridley-Zitat von 1555 (48; 54) ist eindeutig.

Lösungsprozess: **renunciation process**
Anspielung: **allusion**

Der Autor ersetzt hier einen männlichen Helden der Realhistorie durch eine sehr mutige und charakterfeste Frau, die ihr Leben für die Wahrheit und die Freiheit opfert.

Am Ende sind die drei weiblichen Charaktere Clarisse, Mildred und die ältere Frau allerdings tot, sie sind Opfer des Systems bzw. ihres Widerstands geworden. Von den vier männlichen Hauptfiguren Montag, Faber, Granger und Beatty stirbt lediglich Letzterer, während die drei anderen sich der Aufgabe des Neuaufbaus widmen können.

Anpassung und Rebellion

Fahrenheit 451 ist ein Buch über Anpassung und Rebellion. Am Ende kommen alle, die sich an das System angepasst haben, ums Leben. Einige Rebellierende dagegen überleben und haben die Chance, eine neue Welt aufzubauen, die frei von Unterdrückung, Kulturverlust und Krieg sein könnte.

Die große Mehrheit der Menschen hat sich in jeder Hinsicht in das System eingefügt. Sie werden mit Methoden der Massenbeeinflussung, insbesondere durch das Fernsehen, passiv und apathisch gemacht, sie kompensieren ihren gleichwohl vorhandenen Frust, ihre unterschwellige Unzufriedenheit zusätzlich durch Kaufsucht oder Tabletten. Im Sinne von Riesmans »einsamer Masse«[2] sind sie außengeleitete Massenmenschen, die sich den anderen anpassen, ohne irgendwelche Fragen zu stellen. Es gibt viele Unterhaltungs- und Freizeitmöglichkeiten, mit denen das

unterschwellig: **subliminal**
außengeleitet: **externally motivated**

Wohlstand für die Angepassten

Nachdenken über Glück oder Zufriedenheit gut verdrängt werden kann. Auch der materielle Wohlstand der Menschen ist gesichert, offenbar hat fast jede Familie ein eigenes Haus, einen großen Fernseher und ein Auto. Andererseits gibt es sehr brutale Unterdrückungsinstrumente wie die Feuerwehr und die Polizei. Bücher werden als Gefahr für das verordnete Glück in der *Fahrenheit 451*-Welt betrachtet, denn sie fördern Meinungsfreiheit, Konfliktbereitschaft, Diskussionen – alles Dinge, die der Anpassung zuwiderlaufen. Dennoch kommt es zur Rebellion gegen das System, und der Rebell ist ein ehemaliger Unterdrücker, der es bis vor kurzem genossen hat, den Flammenwerfer einzuschalten und beim Bücherverbrennen seine Aggressionen abzubauen. Montags Wandlungsprozess beruht in erster Linie auf Anstößen von außen, wobei der Kontakt mit Clarisse die stärkste Ursache bildet.

Den Boden für die Rebellion bereitet eine geisteswissenschaftliche Elite, die im Grunde ihre ureigensten Interessen an der Pflege von Literatur und Kultur vertritt. Wirklich gefährlich für das System wird es aber erst, als eine kritische Position von einem relativ ungebildeten Menschen aus der angepassten Masse, Montag, übernommen wird und sich die revoltierende intellektuelle Gruppierung mit normalen Bürgern verbünden kann. In diesem Augenblick bekommt der Widerstand eine neue, erweiterte Basis. Damit wird Bradbury einem häufig beobachteten historischen Prozess gerecht. Denn in zahlreichen Revolutionen in der Geschichte bestand der entscheidende Punkt darin, dass die von revoltie-

verordnen: **to decree**
geisteswissenschaftliche Elite: **the elite in the humanities**

renden Intellektuellen vertretenen Thesen und Auffassungen von den nichtintellektuellen Gruppen und Schichten aus der Mitte der Gesellschaft aufgegriffen und aktiv vertreten wurden, so dass die reale Machtbasis der diktatorischen Verhältnisse schwand. Das sozialphilosophische Modell hinter diesem Vorgang geht davon aus, dass sich langfristig keine Gesellschaft halten kann, die gegen die Grundgesetze der Humanität und der individuellen Freiheit verstößt – es muss demnach im System von *Fahrenheit 451* unausweichlich zu Widerstand und Revolte kommen, Humanität ist unausrottbarer Teil der menschlichen Existenz.

Revolte aus der Mitte der Gesellschaft

Form

Bradbury wählt die personale Erzählsituation, d. h. das Geschehen wird aus der Sicht einer bestimmten Figur – Montags – geschildert, deren Gedanken und Gefühle in die Beschreibung einfließen, ohne dass aber der Erzähler mit dieser Figur identisch wäre.

Personaler Erzähler

Die Entwicklungslinien des Romans, den man wie George Orwells *1984* oder Aldous Huxleys *Brave New World* als Dystopie bezeichnen kann, als Negativ-Utopie und als Warnung vor gefährlichen Tendenzen in der Gesellschaft, werden dialektisch aufgerollt. Den Hauptfiguren im positi-

Dialektisches Prinzip

unausrottbar: **ineradicable**
aufrollen: **to unroll**

ven Sinn steht jeweils ein negatives Pendant gegenüber (Montag/Beatty, Clarisse/Mildred), aber auch die Gruppierungen werden als Gegensätze erkennbar, z. B. im Kontrast zwischen den Büchermenschen und der angepassten Bevölkerung, zwischen zwei Bücherfrauen wie Clarisse und der älteren Dame einerseits und Mildred mit ihren Freundinnen andererseits. Die Erzählstruktur ist auf dialektische Gegensätze hin angelegt, die sich irgendwann im Handlungsverlauf auflösen müssen, in diese oder jene Richtung – das macht einen Großteil der Spannung des Romans aus.

Stil

Die Sprache in *Fahrenheit 451* ist generell nicht sonderlich schwierig; sie bezieht sich auf viele Alltagsfragen und -szenen. Bei genauer Betrachtung erweisen sich aber viele Textstellen als lyrisch formuliert und voller Symbolik, durchsetzt mit zahllosen Anspielungen. Der Roman erscheint so sehr gut lesbar und verständlich, ist aber eine anspruchsvolle Komposition, in der nichts dem Zufall überlassen bleibt.

Leitmotiv Feuer

Ein Leitmotiv des Romans ist das Feuer: Es wirkt zunächst nur vernichtend, es zerstört die Kultur, die Bücher. Die »Feuerwehr« löscht nicht, sie legt selbst Feuer, ihr Sinn und Zweck ist ins Gegenteil gewendet.

Aber das Feuer hat auch andere Qualitäten. Nur mit dem Flammenwerfer kann Montag sein Leben gegen Beatty und

Pendant: **counterpart**
Handlungsverlauf: **plot**

den Tötungsroboter verteidigen. Dadurch wird das Feuer auch zu einem Symbol für die Ambivalenz der Technik, denn der Flammenwerfer kann wie alle Technologie für oder gegen den Menschen eingesetzt werden, ganz in Abhängigkeit von menschlichen Entscheidungen und gesellschaftlichen Verhältnissen. Entsprechend tritt das Symbol mehrfach in Erscheinung, z. B. auch bei dem Freitod der älteren Frau und in der Phönix-Metapher, wo aus der Asche des Feuers neues Leben entsteht.

Symbolreichtum

Symbolcharakter haben ferner die auf der Flucht für Montag rettenden Gleise als gerader und konsequenter Weg in die einzig richtige Richtung. Ebenso der Baum des Lebens am Ende (210), der für ein Hoffnungsprinzip der veränderten Zukunft steht. Die vollständige Läuterung Montags wird symbolhaft deutlich, als er im Augenblick des Bombardements plötzlich alle Folgen der Manipulation abschütteln und sich an das erste Treffen mit Mildred in Chicago erinnern kann (203).

Der Symbolgehalt der Sprache nimmt im Verlauf der Handlung stetig zu, den Höhepunkt erreicht diese Entwicklung auf den abschließenden Seiten, wo das Feuer, der Fluss, die Bahngleise, Phönix aus der Asche, ein biblisches Zitat, der Baum des Lebens und der Aufbruch der Gruppe bedeutungsschwer in die Zukunft weisen.

abschütteln: **to get rid of**
den Höhepunkt erreichen **to reach its peak**

6. Autor und Zeit

Kurzbiografie und Werktabelle

1920 Ray Bradbury wird am 22. August 1920 in Waukegan/ Illinois, einer Kleinstadt, geboren. Seine Familie hat eine lange verlegerische Tradition vorzuweisen. Er ist das dritte von vier Kindern. Seine Mutter und seine Tante Neva Bradbury machen ihn frühzeitig mit dem Kino und fantastischen Märchen vertraut. Schon als Elfjähriger schreibt er Kurzgeschichten.

1934 Die Familie zieht nach Los Angeles, wo die Nähe von Hollywood und die multikulturelle Situation ihn prägen.

1938 Bradbury schließt die High School ab und veröffentlicht seine erste Kurzgeschichte in einer Autorenzeitschrift.

1941 In *Super Science Stories*, einem Science-Fiction-Magazin, erscheint seine erste bezahlte Kurzgeschichte *Pendulum*.

1943 Er gibt die Arbeit als Zeitungsverkäufer auf der Straße auf und kann sich als Schriftsteller ernähren, der in vielen literarischen Zeitschriften publiziert.

1947 Er heiratet Marguerite McClure, mit der er vier Töchter haben wird. Seine erste Sammlung der besten Kurzgeschichten erscheint in Buchform unter dem Titel *Dark Carnival*.

1950 Bradbury etabliert sich als literarisch angesehener SF-Autor: In *The Martian Chronicles* verlegt er die Ängste der Amerikaner zu Beginn der 50er Jahre auf den Mars: Die Angst vor dem Atomkrieg, die Sehnsucht nach dem einfachen Leben, Befürchtungen gegenüber anderen politischen Mächten und Reaktionen auf Rassenhass und Zensur.

1951 *The Illustrated Man*, ein weiteres SF-Werk von bedeutendem Rang, wird veröffentlicht.

1953 Mit *Fahrenheit 451* wird Bradbury zum international angesehenen Schriftsteller. Der Roman basiert auf fünf bereits publizierten Stories, die der Autor in Ermangelung eigener Ausstattung auf einer stundenweise gemieteten Schreibmaschine im Verlauf weniger Tage geschrieben hat. *Fahrenheit 451* ist Bradburys wichtigster Roman, was auch durch die gleichnamige Verfilmung von François Truffaut (1966) deutlich wird.

1957 Nach der Verleihung zahlreicher Literaturpreise für sein Werk schreibt Bradbury weiterhin vor allem Kurzgeschichten. Auf diesem Gebiet liegt seine eigentliche, bis heute anhaltende Stärke. In diesem Jahr bringt er aber einen weiteren Roman heraus, *Dandelion Wine*; nach diesem Werk wird schließlich ein Mondkrater benannt: Dandelion Crater.

1960 Mit *Something Wicked This Way Comes* erscheint erneut ein Roman, der viele Autoren, Künstler und Intellektuelle wie z. B. Stephen King beeinflusst.

1962 *The Essence of Creative Writing* und *The Anthem Sprinters and Other Antics* stehen als Essaysammlung bzw. Dramenkollektion für die Auffächerung von Bradburys Werk. Er schreibt jetzt auch Anleitungen zum Erlernen des Schreibens und Theaterstücke, bleibt aber weiterhin ein Verfasser von Short Stories.

Auffächerung: **multiplicity**

Viele seiner Werke werden für Kino, Fernsehen und Radio verfilmt bzw. vertont. Er hält Vorträge und Vorlesungen.

1973 Das erste rein lyrische Werk *When Elephants Last In The Dooryard Bloomed* erscheint; damit beginnt eine lange Phase der Erweiterung seines Schaffensbereichs durch Lyrik, die zugleich eine Wende zur Innerlichkeit in seinen Schriften bedeutet.

1985 Mit *Death Is A Candy Business* legt Bradbury nach vielen Jahren der Arbeit an anderen literarischen Formen wieder einen Roman vor.

1990 Erneut betritt er Neuland und schreibt ein Musical: *The Day It Rained Forever.*

2002 Sein bisher letzter Roman *Let's All Kill Constance* wird veröffentlicht. Bradbury schreibt wie eh und je vor allem Short Stories, häufig unter Verwendung autobiografischer Elemente.

Zeitgeschichtlicher Hintergrund

Bradburys internationales Ansehen beruht in erster Linie auf dem Roman *Fahrenheit 451*, obwohl sein eigentliches Metier als Schriftsteller die Science-Fiction-Short-Story ist. Weder davor noch danach hat er Ähnliches erreichen oder wiederholen können. *Fahrenheit 451* ist eine Negativ-Utopie und enthält zugleich wesentliche Science-Fiction-Elemente. Zahlreiche reale Phänomene und Tendenzen der gesellschaftlichen Entwicklung im 20. Jahrhundert werden problematisiert und in die Zukunft

Innerlichkeit: **introspection**

übertragen. Dabei ist sein Ansatzpunkt nicht die gesamte Gesellschaft, sondern er konzentriert sich auf den kulturell-ideologischen Bereich und die Freizeitsphäre. Die Negativ-Utopie einer Welt, in der das Lesen von Büchern verboten ist, massenhafter Medienkonsum vorherrscht und abgestumpfte Menschen inhumane Werte und Verhaltensweisen tief internalisiert haben, ist aus heutiger Sicht kein Fantasiegebilde geblieben, aber auch nicht Wirklichkeit geworden; das gilt insbesondere für die noch immer überwiegend positive Wertorientierung und die Lebensideale der Menschen.

Negativ-Utopie

Treffender hat Bradbury dagegen die Entwicklung im Bereich der elektronischen Medien vorgezeichnet. Der Fernsehkonsum hat heute viele Menschen von der Öffentlichkeit und dem Leben in Gemeinschaften entfremdet. Die ausgefeilte Kulturindustrie und der Massenkonsum von seichter Unterhaltung haben die Abstumpfung in breiten Schichten gefördert. Demokratie und politisches Interesse sind in vielen Ländern auf die Frage nach der Tele-Tauglichkeit von Politikern zusammengeschrumpft.

Rolle der elektronischen Medien

Auf politischer Ebene reflektiert der Roman ohne Zweifel die Verhältnisse in den USA zu Beginn der 50er Jahre, die eng mit der Figur des Senators Joseph McCarthy verbunden sind. Seine Aktivitäten glichen zeitweise einer Hexenjagd auf vermeintliche Kommunisten und führten ein Staatswesen vor, das im Begriff war, im Namen der öffent-

abgestumpft: **dulled**
ausgefeilt: **polished**
Tele-Tauglichkeit: **TV-suitability**

lichen Sicherheit die Grundrechte zu unterminieren. Hinzu kamen sicher die Erinnerungen an das totalitäre System in Nazi-Deutschland, das nur wenige Jahre zuvor ein Ende gefunden und die individuellen Freiheiten in beispielloser Weise beschnitten hatte.

Gefährdung der Grundrechte

Einordnung in die Literaturgeschichte

Fahrenheit 451 gehört zu den großen Negativ-Utopien des 20. Jahrhunderts, in denen Ideen der technischen Kultur vorherrschen, und ist in einer Reihe zu nennen mit Anthony Burgess' *Uhrwerk Orange*, George Orwells *1984*, Aldous Huxleys *Schöne Neue Welt* und Stanislaw Lems *Futurologischer Kongress.*[3] In *Fahrenheit 451* findet sich vor allem eine Art Synthese aus *1984* und *Brave New World*. Die Menschen werden auf der einen Seite brutal unterdrückt und verfolgt wie in Orwells Werk, andererseits vollziehen sie durch Medien- und Drogenkonsum eine gewissermaßen freiwillige Unterwerfung und Anpassung wie bei Huxley und fühlen sich dabei auch noch gut, obwohl ihnen doch etwas zu fehlen scheint – bestes Beispiel für diesen Widerspruch, diese Mischung aus Angst und Konsumismus, ist Mildred.

Wenn also für Huxley die Maxime »Manipulation statt Gewalt« festgestellt werden kann und für Orwell das Motto »Strafe und Unterdrückung«, dann ist Bradburys Roman eine Kombination aus beiden Extrempositionen – und er wird dadurch umso glaubwürdiger. Denn wir leben in einer Welt, in der beide Strukturmuster zeitgleich wirken. Nach wie vor

Ray Bradbury

werden in bestimmten Ländern systemkritische Journalisten und Schriftsteller eingesperrt und getötet.

Fahrenheit 451 in Bradburys Gesamtwerk

Fahrenheit 451 ist tatsächlich ein »Hauptwerk der amerikanischen Literatur«[4]. Der Roman, mit dem Bradbury seinen Weltruhm begründen konnte, entstammt seiner kreativsten Phase, die bis etwa 1960 währte. Es ist bezeichnend, dass er aus mehreren Kurzgeschichten komponiert wurde, denn das war die literarische Form, in der Bradbury stets die stärkste Produktivität an den Tag legte.

Komposition aus Kurzgeschichten

Daneben hat er, beginnend in den 60er Jahren, Essays, Gedichte, Drehbücher, Dramen, Schriftstellerhandbücher und auch Kinderbücher geschrieben, konnte aber an den Erfolg von *Fahrenheit 451* nicht mehr anknüpfen.

Bradburys einziger großer Erfolg

Bradbury hat es dennoch geschafft, in seinem Gesamtwerk wirkungsvoll vor einer Zukunft der Menschheit zu warnen, in der die kulturelle Freiheit untergehen könnte, und hat dabei Utopie und Science Fiction in bislang ungekannter Weise miteinander verbunden.

Drehbuch: **script**

7. Rezeption

Der Roman wurde von der Kritik bei seinem ersten Erscheinen nicht bejubelt. Bemängelt wurde vor allem, dass er keinen wirklichen Gesellschaftsentwurf biete, dass das Thema der Bücherverbrennung alles überschatte und die Analyse der politischen Strukturen und Machtverhältnisse äußerst rudimentär und unklar sei. Trotz dieser nicht ganz verfehlten Einschätzung wurde *Fahrenheit 451* schnell international erfolgreich, nicht zuletzt aufgrund der literarischen Originalität und einer spannenden und logisch aufgebauten Handlung, in der ein fast verlorener und verzweifelter Held schließlich unter größten Bemühungen auf der richtigen Seite landet und für eine bessere Zukunft kämpft.

Kritik beim Erscheinen

Dieser große Erfolg lässt sich nicht zuletzt dadurch erklären, dass das Buch viele aktuelle Themen der Entstehungszeit aufgegriffen und glaubwürdig verarbeitet hat, so dass es auf breites Interesse stieß und öffentlich diskutiert wurde.

In der Folgezeit änderte sich die Rezeption des Werkes. Bradburys Ansehen beruht bis heute vor allem auf *Fahrenheit 451*, das Buch wird immer wieder in einer Reihe mit anderen großen utopischen Romanen genannt. Autoren, die sich mit Utopie und Science Fiction befassen, heben vor allem hervor, dass Bradburys Roman seinen literarischen

bejubeln: **to acclaim loudly**
überschatten: **to cast a cloud**
in einer Reihe mit etw. genannt werden: **to be put on a level with s.th.**

Schwung aus der Vorwegnahme bezeichnender Trends des Medienzeitalters gewinne: Die technischen Massenmedien wollen und brauchen ein Publikum, das die Wahrheit nur noch als einseitig und eindeutig versteht, das Zerstreuung sucht anstatt ernsthafter Reflexion und sich leicht manipulieren lässt.[5]

Trends des Medienzeitalters

In jedem Falle lohnt es sich, vor dem Hintergrund von *Fahrenheit 451* Phänomene wie Fernsehen, Headset, Laptop, Mobiltelefon, Telearbeit, Teleshopping, virtuelles Chatten, optische Straßenüberwachungsanlagen[6], Telebesuche von Museen und Büchereien und Cyberaktivitäten jeglicher Art neu zu überdenken.

Schwung: **drive**
Vorwegnahme: **anticipation**
optische Straßenüberwachungsanlagen: **monitoring systems in the streets**

8. Checklist: Revision for Term Papers & Finals

1./2. The Contents

1.1 Explain the main message of *Fahrenheit 451.*
2.1 Write a summary of the plot in 300 words.
2.2 How far have the negative tendencies of this novel come true?

3. The Characters

3.1 Work out portraits of Mildred and Clarisse as the main female characters.
3.2 Compare the attitude and behaviour of Faber and Beatty.
3.3 Analyze Montag's development throughout the action of the novel and find the most important reasons for his change.
3.4 Describe the image of man and the image of woman in the book.

4. The Structure of the Novel

4.1 Depict all the facts you get about the burning of books, and explain the different meanings of the fire as a central symbol.
4.2 Try to find three or four of the most decisive situations in the text and tell why you chose them.
4.3 Can you divide the novel in the parts »introduction«, »central part«, and »solution of the conflict«?

5. Interpretation

5.1 Set up the patterns of the society of *Fahrenheit 451*:
a) the role of the fire brigade
b) technological standards and equipment
c) the function of TV
d) the danger that comes up by reading books
e) the general attitude of the majority
f) the handling of difference and individuality.
5.2 Why is a person like Clarisse such a great threatening to the system?
5.3 What do you think are Mildred's reasons for her attempt to commit suicide?
5.4 Montag has a plan for a rebellion. Would it have revolutionary consequences, being put into practice?
5.5 Discuss Beatty's opinions and judgements on modern society, mass media and the happiness of normal people.
5.6 Find out cultural tendencies of the present that fit to *Fahrenheit 451* in general.
5.7 Is the *Fahrenheit 451* system a liberal society or is it a dictatorship?
5.8 Reflect on Bradbury's perspective for a better future at the end of the novel. Give reasons for your statement.
5.9 Why does Bradbury use the view of an omniscient author?

6. The Author in his Time

6.1 Give an account of the cultural and political background of the 1950s and 1960s the novel can be related to.
6.2 Do you see connections between Bradbury's fear

about the cultural decline and the real development of the mass media?

7. The Reception of *Fahrenheit 451*

7.1 Why has the novel been a success until nowadays?
7.2 Discuss the statement that we have left behind the world of *Fahrenheit 451* by much more negative and overwhelming technology.

8. Creative Writing

8.1 Compare Mildred to a housewife in our times.
8.2 Can you imagine a cultural change in which books get on top, TV and high-tech media on the bottom?
8.3 Have you learned something from the novel for your own everyday life?
8.4 Please construct a cultural system that implies the positive elements of *Fahrenheit 451*, putting down the negative ones?
8.5 What is the real use of reading books instead of watching TV?

9. Lektüretipps/Filmempfehlungen

Textausgaben

Bradbury, Ray: Fahrenheit 451. Hrsg. von Norbert Köhn. Stuttgart: Reclam, 1991 [u. ö.]. (UB. 9270). – *Der gesamte Lektüreschlüssel bezieht sich auf diese englischsprachige Ausgabe.*

Bradbury, Ray: Fahrenheit 451. Aus dem Amerikanischen übers. von Fritz Güttinger. Zürich: Diogenes Verlag, 1981.

Autor und Zeit

Hartlaub, Joe: Ray Bradbury. *http://www.teenreads.com/authors/an–bradbury–ray.asp*

Heideking, Jürgen: Geschichte der USA. Dritte, überarb. u. erweit. Auflage. Bearbeitet von Christof Mauch. Tübingen / Basel 2003. – *Relevant ist vor allem Kapitel VII, in dem der zeitgeschichtliche Hintergrund ausführlich erläutert wird.*

Jepsen, Chris / Richard Johnston: A Brief Biography. *http://www.spaceagecity.com/Bradbury/bio.htm*

Mogan, David: Ray Bradbury. Boston 1986.

Reid, Robin A.: Ray Bradbury. A Critical Companion. London 2000.

Sekundärliteratur

Baruch, Gertrud: Fahrenheit 451, in: G. B. (Hrsg.): Hauptwerke der amerikanischen Literatur. München 1975. S. 296–297.

Nocon, P.: Fahrenheit 451, in: Freese, P. / L. Hermes (Hrsg.): Der Roman im Englischunterricht der Sekundarstufe II. Theorie und Praxis. Paderborn 1981. S. 321–348.

Nöske, Thomas: Clockwork Orwell. Über die kulturelle Wirklichkeit negativ-utopischer Science Fiction. Münster 1997.

Ulm, Dieter: Fahrenheit 451. Freising 2004.

Kulturverlust

Berman, Morris: Kultur vor dem Kollaps? Wegbereiter Amerika. Aus dem Amerikanischen übers. von Jürgen Pelzer. Frankfurt a. M. 2003.

Postman, Neil: Wir amüsieren uns zu Tode. Urteilsbildung im Zeitalter der Unterhaltungsindustrie. Frankfurt a. M. 1992.

Moderne und Massengesellschaft

Horkheimer, Max / Theodor W. Adorno: Dialektik der Aufklärung. Frankfurt a. M. 1969 [u. ö.]. – *Kritische Analyse der Kulturindustrie, die Aufklärung nur noch als Massenbetrug betreiben kann.*

Riesman, David: Die einsame Masse. Hamburg 1958. – *Liefert die realsoziologischen Grundlagen für die in* Fahrenheit 451 *geschilderten Tendenzen.*

Verfilmung

Truffaut, François: Fahrenheit 451. Vineyard Films Ltd. 1966. Renewed 1994 by Universal Studios. DVD in der Reihe *Cinemathek* der *Süddeutschen Zeitung*. FSK 12 Jahre, 100 Minuten.

Internet

http://www.spaceagecity.com/bradbury

Anmerkungen

1 Vgl. Max Horkheimer / Theodor W. Adorno, *Dialektik der Aufklärung*, Frankfurt a. M. 1969 [u. ö.].
2 David Riesman / Reuel Denney / Nathan Glazer, *Die einsame Masse*, Hamburg 1958.
3 Vgl. Thomas Nöske, *Clockwork Orwell. Über die kulturelle Wirklichkeit negativ-utopischer Science Fiction*, Münster 1997, S. 104 ff.
4 Gertrud Baruch, *Fahrenheit 451*, in: G. B. (Hrsg.), *Hauptwerke der amerikanischen Literatur*, München 1975, S. 296–297.
5 Vgl. Nöske (Anm. 3), S. 117 ff. – Vgl. zu diesen Erscheinungen auch: Marvin Chlada, *Der Wille zur Utopie*, Aschaffenburg 2004, S. 48; Neil Postman, *Wir amüsieren uns zu Tode, Urteilsbildung im Zeitalter der Unterhaltungsindustrie*, Frankfurt a. M. 1992, S. 173; Morris Berman, *Kultur vor dem Kollaps? Wegbereiter Amerika*, Frankfurt a. M. 2003, S. 122 ff.
6 Vgl. Florian Rötzer, *Die Telepolis, Urbanität im digitalen Zeitalter*, Mannheim 1995, S. 187 ff.

Raum für Notizen

Lektüreschlüssel für Schüler

Andersch: *Der Vater eines Mörders*. 71 S. UB 15377
Andersch: *Sansibar oder der letzte Grund*. 96 S. UB 15311
J. Becker: *Jakob der Lügner*. 80 S. UB 15346
Ben Jelloun: *Les Raisins de la galère*. 80 S. UB 15381
Böll: *Die verlorene Ehre der Katharina Blum*. 66 S. UB 15364
Bradbury: *Fahrenheit 451*. 57 S. UB 15386
Brecht: *Der gute Mensch von Sezuan*. 96 S. UB 15375
Brecht: *Der kaukasische Kreidekreis*. 96 S. UB 15351
Brecht: *Leben des Galilei*. 91 S. UB 15320
Brecht: *Mutter Courage*. 95 S. UB 15329
Büchner: *Dantons Tod*. 96 S. UB 15344
Büchner: *Lenz*. 79 S. UB 15385
Büchner: *Leonce und Lena*. 96 S. UB 15319
Büchner: *Woyzeck*. 96 S. UB 15339
Camus: *L'Étranger*. 93 S. UB 15357
Döblin: *Berlin Alexanderplatz*. 89 S. UB 15317
Droste-Hülshoff: *Die Judenbuche*. 53 S. UB 15305
Dürrenmatt: *Die Physiker*. 77 S. UB 15302
Dürrenmatt: *Der Richter und sein Henker*. 88 S. UB 15374
Eichendorff: *Aus dem Leben eines Taugenichts*. 88 S. UB 15306
Fontane: *Effi Briest*. 87 S. UB 15327
Fontane: *Irrungen. Wirrungen*. 88 S. UB 15367
Fontane: *Unterm Birnbaum*. 82 S. UB 15307
Frisch: *Andorra*. 78 S. UB 15332

Frisch: *Biedermann und die Brandstifter*. 84 S. UB 15330
Frisch: *Homo faber*. 87 S. UB 15303
Goethe: *Faust I*. 69 S. UB 15301
Goethe: *Götz von Berlichingen*. 71 S. UB 15331
Goethe: *Iphigenie auf Tauris*. 72 S. UB 15350
Goethe: *Die Leiden des jungen Werther*. 75 S. UB 15312
Gotthelf: *Die schwarze Spinne*. 79 S. UB 15336
Grass: *Im Krebsgang*. 96 S. UB 15338
Grass: *Katz und Maus*. 79 S. UB 15304
Hauptmann: *Bahnwärter Thiel*. 70 S. UB 15314
Hauptmann: *Die Weber*. 91. S. UB 15368
Hebbel: *Maria Magdalena*. 83 S. UB 15361
Heine: *Deutschland. Ein Wintermärchen*. 79 S. UB 15325
Hesse: *Der Steppenwolf*. 94 S. UB 15384
Hesse: *Unterm Rad*. 96 S. UB 15340
E.T.A. Hoffmann: *Das Fräulein von Scuderi*. 74 S. UB 15321
E.T.A. Hoffmann: *Der goldne Topf*. 74 S. UB 15326
E.T.A. Hoffmann: *Der Sandmann*. 72 S. UB 15354
Hornby: *About a Boy*. 56 S. UB 15378
Horváth: *Jugend ohne Gott*. 92 S. UB 15369
Huxley: *Brave New World. Schöne neue Welt*. 79 S. UB 15366
Ibsen: *Nora (Ein Puppenheim)*. 80 S. UB 15360
Kafka: *Der Proceß*. 96 S. UB 15371
Kafka: *Die Verwandlung*. 94 S. UB 15342
Keller: *Kleider machen Leute*. 87 S. UB 15313
Keller: *Romeo und Julia auf dem Dorfe*. 87 S. UB 15324
Kleist: *Das Erdbeben in Chili*. 79 S. UB 15322

Kleist: *Die Marquise von O…* 88 S. UB 15379
Kleist: *Michael Kohlhaas*. 79 S. UB 15334
Kleist: *Der zerbrochne Krug*. 85 S. UB 15333
Lessing: *Emilia Galotti*. 93 S. UB 15318
Lessing: *Minna von Barnhelm*. 60 S. UB 15323
Lessing: *Nathan der Weise*. 96 S. UB 15316
Malle: *Au revoir, les enfants*. 77 S. UB 15382.
H. Mann: *Der Untertan*. 90 S. UB 15363
Th. Mann: *Mario und der Zauberer*. 72 S. UB 15343
Th. Mann: *Der Tod in Venedig*. 96 S. UB 15358
Th. Mann: *Tonio Kröger*. 67 S. UB 15309
Musil: *Die Verwirrungen des Zöglings Törleß*. 96 S. UB 15345
Orwell: *1984*. 68 S. UB 15362
Rhue: *The Wave*. 62 S. UB 15355
Roth: *Hiob*. 96 S. UB 15376
Russell: *Educating Rita*. 72 S. UB 15389
Schiller: *Don Karlos*. 88 S. UB 15352
Schiller: *Die Jungfrau von Orleans*. 88 S. UB 15380
Schiller: *Kabale und Liebe*. 70 S. UB 15335
Schiller: *Maria Stuart*. 84 S. UB 15310
Schiller: *Die Räuber*. 90 S. UB 15328
Schiller: *Der Verbrecher aus verlorener Ehre*. 88 S. UB 15353
Schiller: *Wilhelm Tell*. 78 S. UB 15337
Schlink: *Der Vorleser*. 77 S. UB 15359
Schneider: *Schlafes Bruder*. 72 S. UB 15372
Shakespeare: *Romeo and Juliet*. 68 S. UB 15341
Sophokles: *Antigone*. 83 S. UB 15348

Sophokles: *König Ödipus*. 87 S. UB 15356
Storm: *Der Schimmelreiter*. 96 S. UB 15315
Süskind: *Das Parfum*. 93 S. UB 15370
Tieck: *Der blonde Eckbert*. 88 S. UB 15349
Walser: *Ein fliehendes Pferd*. 90 S. UB 15373
Wedekind: *Frühlings Erwachen*. 64 S. UB 15308
Zuckmayer: *Der Hauptmann von Köpenick*. 96 S. UB 15347
Zweig: *Schachnovelle*. 82 S. UB 15365

Reclam